LES DOCS
Ribambelle
Cycle 2

Directeur de collection :
Jean-Pierre Demeulemeester

Valérie Videau

Les tortues

Hatier

© Hatier, Paris 2013 – ISBN : 978-2-218-95733-8

Qu'est-ce qu'une tortue ?

La tortue est le plus vieux des reptiles : elle existe sur Terre depuis des millions d'années.

On trouve des tortues partout sur Terre : dans les montagnes, les forêts ou les déserts, dans les mers et les rivières. Mais il n'y a pas de tortues au pôle Nord ni au pôle Sud car il y fait bien trop froid.

Il existe trois sortes de tortues :

les tortues **terrestres** qui vivent sur terre

les tortues **aquatiques** qui vivent dans l'eau douce des rivières

les tortues **marines** qui vivent dans l'eau salée des mers

Les tortues vivent en général une cinquantaine d'années, mais certaines tortues géantes peuvent dépasser les 200 ans !

Une tortue géante des Galápagos

Une maison sur le dos

La carapace protège bien le dos et le ventre de la tortue.

La tortue est le seul reptile à porter une carapace rigide : c'est pourquoi elle marche aussi lentement.

Sa carapace faite d'os et d'écailles est une véritable armure.
En cas de danger, la tortue cache vite sa tête et replie une partie de ses pattes à l'intérieur. Pas facile pour les prédateurs de croquer une tortue !

Bien cachée !

Chaque espèce de tortue a une carapace qui ressemble au milieu dans lequel elle vit. Sa carapace lui permet donc de se camoufler dans le paysage.

Une tortue étoilée de Madagascar

Les tortues terrestres

On reconnaît une tortue terrestre à sa carapace : elle est bien plus bombée que celle des autres tortues.

Malgré leur carapace protectrice, les tortues terrestres craignent beaucoup le froid… et les voitures ! Impossible de fuir rapidement avec une si lourde maison sur le dos !

Ces tortues possèdent de redoutables griffes.

La tortue d'Hermann

(poids : 4 kg, taille : 28 cm)

C'est la seule tortue terrestre française. Elle vit dans les sous-bois du sud de la France et en Corse, là où il fait chaud. Hélas, elle est souvent en danger à cause des incendies de forêt…

La tortue léopard vit en Afrique du Sud.

Que mangent les tortues terrestres ?

Les tortues terrestres ont une alimentation variée, essentiellement végétarienne, car elles mangent ce qu'elles trouvent sur leur chemin !

Selon l'endroit où elles vivent, elles sont donc végétariennes, fructivores ou omnivores.

Menu

- feuilles
- plantes
- fruits
- racines
- fleurs
- insectes

Les tortures terrestres ne savent pas nager. Pour boire, elles s'avancent prudemment vers un point d'eau et y plongent leur tête pendant plusieurs minutes.

Une tortue d'Hermann orientale, en Grèce

Les tortues aquatiques

Ces tortues d'eau douce ont une carapace plus légère et plus aplatie que celle des tortues terrestres… C'est mieux pour nager sous l'eau !

Face à l'ennemi (un rat ou une fouine, par exemple), les tortues aquatiques savent bien se défendre grâce à leurs pattes armées de griffes coupantes.

Une cistude d'Europe, en France

Les tortues aquatiques ont des pattes en forme de palme. Elles peuvent ainsi se déplacer plus facilement.

Ces tortues mangent de tout : elles sont omnivores.

Une tortue de l'Amazone à taches jaunes (Amérique du Sud)

La tortue de Floride

(poids : 2 kg, taille : 25 cm)

On reconnaît cette tortue d'Amérique du Nord à sa jolie rayure rouge ou jaune située près des yeux. Elle est carnivore quand elle est jeune, elle devient omnivore à l'âge adulte, puis herbivore en vieillissant !

Les tortues marines

Ces tortues aux grosses nageoires nagent dans toutes les mers, sauf dans l'océan arctique du pôle Nord.

Quand elles plongent profondément dans l'eau, elles peuvent y rester plusieurs heures sans respirer.

Attention, danger !

Les tortues marines risquent de disparaître. En effet, elles deviennent prisonnières des filets de pêche abandonnés dans l'eau ou s'étouffent avec des sacs en plastique qu'elles prennent pour des méduses.

Deux ennemis redoutables...

l'orque

le requin

Une tortue verte dans l'océan Pacifique Sud

Que mangent les tortues marines ?

Certaines tortues marines sont carnivores.
Grâce à leur bec puissant, les tortues des mers peuvent casser la coquille de crustacés, comme le crabe ou la crevette.
Elles se régalent aussi de méduses et de mollusques (huîtres ou palourdes)...

D'autres sont plutôt herbivores, comme la tortue verte.

Au menu : algues et herbes marines.

Un menu très varié !

Corail, escargots, crabes, crevettes et petits poissons...

Comment naissent les bébés tortues ?

Les tortues pondent des œufs : elles sont ovipares.
Certaines tortues pondent quelques œufs, d'autres en pondent des centaines.

En juin, la **tortue marine** se prépare à pondre. Elle choisit un endroit ensoleillé puis fait un trou dans le sable ou la terre avec ses pattes arrière.

Elle commence alors sa ponte.

Dès qu'elle a fini de pondre, elle recouvre bien ses œufs de terre ou de sable pour les protéger des prédateurs, puis elle s'en va.

Après plusieurs semaines (parfois deux mois), les bébés tortues cassent leur coquille ! Ils utilisent leur diamant, une pointe dure située au bout de leur bec. Ce petit « marteau-piqueur » tombe quelques jours après la naissance…

Les petites tortues marines sont nombreuses à se diriger vers la mer, mais toutes n'y parviendront pas. Les oiseaux et les crabes en mangent hélas beaucoup !

Que font les tortues l'hiver ?

Les tortues terrestres et aquatiques sont obligées d'hiberner pour ne pas souffrir du froid.

Dès l'automne, la **tortue terrestre** cherche un endroit bien exposé au soleil. Là, elle creuse un trou sous la végétation et y reste au chaud tout l'hiver.

Quand la tortue terrestre se réveille de son hibernation, elle se met longuement au soleil pour se réchauffer.

La **tortue aquatique** hiberne soit sous des feuilles mortes, soit sous l'eau, dans la vase. Dans ce cas, elle respire au ralenti par la peau et non par les poumons.

Les **tortues marines** n'hibernent pas : elles migrent vers des eaux plus chaudes dès qu'il commence à faire froid.

Des tortues extraordinaires

La **tortue luth** est la plus grosse tortue marine ; elle pèse souvent plus de 500 kg et mesure jusqu'à 2 m ! Cette géante des mers peut aussi parcourir 6 000 km en trois mois dans les eaux chaudes.

La **tortue verte** (poids : 300 kg, taille : 1,50 m) est la plus rapide des tortues marines : elle peut nager à une vitesse de près de 35 km/h !

La **tortue des Galápagos** est la plus grosse tortue terrestre. Elle pèse parfois plus de 400 kg et peut vivre jusqu'à 200 ans !

La **tortue Matamata** (poids : 15 kg, taille : 45 cm) a vraiment une drôle d'allure avec sa carapace dentelée. Cette tortue aquatique vit en Amérique du Sud.

La **tortue alligator** (poids : 80 kg, taille : 60 cm) est une tortue aquatique. Pour attirer les poissons, elle agite le bout rouge de sa langue qui ressemble très fort à un ver !

La fiche d'identité de la tortue

La queue

La queue se termine par une griffe. Chez la femelle, la queue est très courte.

Les pattes

Les pattes sont courtes, recouvertes d'écailles et terminées par des griffes. Celles-ci sont très pratiques pour creuser le sol.

La carapace

La carapace est formée de deux parties : le dos, appelé *dossière*, et le ventre, appelé *plastron*. Elle a deux ouvertures : une à l'avant, pour permettre à la tête et aux pattes avant de sortir, et une à l'arrière, pour laisser sortir la queue et les pattes arrière.

La tête

La tortue a un long cou très souple. En cas de danger, sa tête peut rentrer entièrement dans la carapace.

Les yeux

Ses yeux sont tout ronds et voient tout !
Ils sont protégés par une paupière.

Le bec

La tortue n'a pas de dents. Sa mâchoire aux bords coupants forme un bec qui lui permet de broyer sa nourriture : la tortue ne mâche pas !

Lexique

Camoufler (se) : se cacher dans le paysage.

Carnivore : se dit d'un animal qui se nourrit d'êtres vivants.

Corail : petit animal recouvert de calcaire qui vit en colonies dans les mers chaudes.

Fructivore : se dit d'un être vivant qui se nourrit de fruits.

Hiberner : c'est se mettre à l'abri et vivre au ralenti, pour supporter le froid de l'hiver.

Omnivore : se dit d'un être vivant qui mange toutes sortes d'aliments, des plantes comme de la viande.

Prédateur : individu qui se nourrit de proies, en chassant ou en pêchant.

Reptile : animal vertébré qui a des écailles ou une carapace. Certains reptiles rampent, comme par exemple le serpent.

Vase (la) : boue qui se dépose au fond de l'eau dans une mare, un étang.

Végétarien : se dit d'un être vivant qui ne mange ni viande ni poisson.

IMPRIM'VERT®
Achevé d'imprimer par Pollina à Luçon - France - L64514 / Dépôt légal : 95733-8/01 - mai 2013